연동리 사설

오영호 : 제주시조시인협회 창립 맴버로 1986년 〈시조문학〉으로 등단, 시집으로 『올레길 연가』, 『귤나무와 막걸리』, 『화산도 오름에 오르다』, 『풀잎만한 이유』, 『연동리 사설』, 현대시조 100인선 『까불지 마라 등신아』 등, 한국시조비평문학상, 제주도문화상, 한국작가회의 이사, 제주작가회의회장 역임, 현, 한국시조시인협회 기획이사, 〈혜향문학〉 편집 주간
E-mail: jeju500@hanmail.net

다층현대시조시인선 003

연동리 사설

발행일 2019년 11월 30일
지은이 오영호
펴낸이 김동진
펴낸곳 도서출판 다층
등록번호 제27호
주소 (63211)제주특별자치도 제주시 오복5길 10, 1층
전화 (064)757-2265/FAX(064)725-2265
E-mail dc2121@empas.com

ISBN 978-89-5744-093-3 03810

값 10,000원

* 지은이와 협의하여 인지를 생략합니다.
* 이 도서는 문화체육관광부, Jeju 제주특별자치도, JFAC 제주문화예술재단의 지원금을 받았습니다.

다층현대시조시인선 003

오영호 시집

연동리 사설

다층

* 페이지 시작과 끝부분에 〉표시는 연을 구분하는 표시입니다.

시인의 말

내 고향 제주시 연동도 무자년

4.3의 광풍에 초토화되었다.

형님을 비롯해 희생된 분이 106명,

오늘도 그 원혼들이 한라산을 떠돌고 있다.

그래서 깨어 있기 위하여

해와 달 별빛으로

허공에 서정의 집 한 채 지어

늘 신원의 등 밝혀놓고

4.3의 정명正名을 찾는

그날까지 노래하고 싶다.

오영호

차례

제3부 달개비 꽃

제4부 갈칫국

제5부 명상하는 먹돌

해설

제1부 평화의 나비 날아가다

20루피 한 장

소와 개들도 걸림 없이 돌아다니는
성지 바라나시 골목길 바닥에 앉아
폭염과 먼지를 둘러쓰고
구걸하는 손을 보네

할머니 할아버지 아기 안은 엄마
깡마른 어깻죽지에 고인 햇살이
내 손을 살며시 잡고
주머니를 더듬네

가난한 자에게 베풂은 당연한 일
복 받는 일 아니냐고 어깨를 툭 치는 바람
자꾸만 미적거리는
마음에 침을 놓네

20루피 한 장 슬그머니 건네줬네
불구의 몸을 끄는 흐릿한 눈빛 사나이
움켜쥔 손가락 사이로
갠지스강이 흐르네

고맙다 말하기는커녕 그냥 그런 표정에
천원에도 못 미치는 양심의 잣대 위로

너무나 부끄러워라
발걸음이 무겁네

시내버스 안에서

팔순의
할머니가
버스에 올라오자

'여기에 앉으세요'
일어서는 60대 부인

'고마워,
자넨 복 받을 겨'
출렁이는 내 마음

그 순간
눈 돌리고
핸드폰에 멈춘 젊은이

한 마디 쏘아줄까 말까 망설이는 데

어느새
다음 정거장
재빠르게 내리는

한 벌에 만원

사거리 공한지에 삐딱한 간판 하나

'한 벌에 만원' 진열된 등산복 추리닝

유혹을 피할 수 없어 발길을 돌렸지요

그래 이게 딱이네 이거 하나 주세요

그건 7만 원입니다 아니 만원 아니요?

아 그건 간판 이름이지요

뒤통수가 후끈했다

그리운 골목길

돌담길 꼬불꼬불 정겹던 오솔길이
곧고 넓은 길로 확장 포장되더니
텃새가 하나둘 떠나고 빈 둥지가 생겼다

굴착기 망치 소리에 죽순처럼 솟아나는
닭장들 드나드는 차 소리 밭담을 넘어
반백 년 밀감나무들 뿌리 체 흔들어댄다

땅값 올랐다고 부럽다고 말하지만
그건 아니라고 아무리 우겨보아도
헛소리 그만하라고 늙은 귀를 때린다

조상 땅 물려받아 지켜온 귤나무들
5월의 햇살 품고 다투어 피는 꽃향기
큰 손들 아무리 손짓해도 마이동풍 하리라

입동 무늬

남긴 까치밥마저 꼭지만 남은 감나무
몇 개의 이파리마저 바람에 달랑대는
입동 날 희뿌연 하늘 내 마음도 허하다

열매 맺고 지는 것이 어찌 나무들뿐이랴
한때 눈을 밝혀 자리에 올인하던
발과 손 누비던 길은 오늘도 흙길인 것을

골판지 가득 실은 리어카를 끌고 가는
노인의 어깨 위엔 노을빛 무늬들이
한 발짝 놓을 때마다 그림자가 길어지는

평화의 나비 날아가다

열네 살 꽃봉오리 맺기도 전에 꺾인
유린된 8년의 세월 차마 죽지 못해
광복의 만세 소리에 돌아온 당신은
그 고통 억울함을 삼키고 또 삼켜도
끝내 터져 버린 분노는 하늘을 찔러
붉은 피 뚝뚝 떨어져 동백꽃으로 피어난
그 이름 김복동 할머니 평화의 나비 되어
인권의 나래를 폈던 지구촌 곳곳마다
가녀린 소녀상 위로 함박눈이 내리는 날
'끝까지 싸워다오' 마지막 말 한마디에
반도의 나무들이 부르르 몸을 떨고
훨훨훨 서천꽃밭으로 날아가는 나비여

부정과 긍정

형이 감춰 둔 아이스크림 두 개

동생이 먼저 하날 먹어 버렸지 그걸 안 형이 동생에게 크게 화를 내자

그래도 하나라도 남겼지 않니

어머니의 한 마디

별 하나 떨어지다
— 2018. 7. 23

연일 폭염 속에 헉헉대는 노동자들
그 가슴 어루만지러 앞장서 달려가던
사람의 향기 늘 풍기던 별 하나가 떨어졌다

'가족에게 미안하다. 모두들 미안하다
돈은 받았지만 청탁성은 없었다'고
마지막 남긴 몇 마디 먹장구름으로 떠 있다

그래도 양심의 칼 바르게 세우고 싶어
'누굴 원망하랴 책임을 져야 한다고'
여의도 의사당에 걸린 흔들리는 조등이여

정의란 무엇인가
도덕이란 무엇인가
수없이 묻고 물어봐도 대답은 묵묵부답
아끼던 첼로가 연주하는
장송곡만 흐르고

'당신은 정의로운 사람, 좋은 사람이었다'고
'형이라 부를게요.' '누구랑 굴국밥 먹어요'
지인들 북받치는 눈물
손을 잡는 바람이여

아루띠 뿌자*

가등의 불빛들이 어둠을 베어내는

저녁 갠지스 강가 희끄무레한 메인 계단에

꽉 매운 힌두교도 리그베다* 찬송 소리

오로지 강의 신께 삶과 죽음을 넘어

윤회의 끈을 풀고 피안의 길로 가고픈

기도는 천상을 돌아 갠지스로 흐르는가

불등을 손에 든 다섯 뿌자들이

무당이 춤을 추듯 주문을 외며 돌리는

휘황한 몽환의 숲에서 내가 나를 찾는다

* 불을 돌리며 하는 기도. 갠지스강 가트에선 저녁마다 이 제의를 하고 있다.

* 고대 인도의 브라만교 근본 성전

분재원에서

비비 꼬여야만 직성이 풀리는가?

팔과 손 붙들어 맨 기약 없는 포승줄

풀어줘,

소리 없는 절규

명치끝을 후려친다

미세먼지 경보

하늘길마저 지워버린 흑야 같은 한낮
잎 진 느티나무에 도시의 비둘기들이
조용히 웅크리고 앉아 며칠째 단식 중이다

흐린 안경 너머 발자국을 따라가는
가늠할 수 없는 지상의 어둑한 길
화물차 털털거리며 가쁜 숨만 내뿜는

노약자 어린이들은 외출을 삼가주세요
동사무소 스피커 소리에 학교 문이 닫히고
복면을 쓴 얼굴들만 서성이는 지하철역

문명의 구멍이란 구멍을 빠져나온
침묵의 살인자는 너와 나 공범이지
비바람 분다는 예보는 며칠째 감감이다

구상나무

때 되어 가는 것을 그 누가 슬퍼하랴
한라산 정상 밑에 창창했던 구상나무들
하나둘 푸른 옷 벗고 흰 뼈들로 서 있다

빙벽을 끌어안고 몇 달은 달구어야
푸른 피 돌고 도는 팔을 높이 뻗어
지나는 뜬구름도 잡고 텃새들도 앉으련만

사철 때를 잊은 더운 바람만 불고 불어
바다엔 열대어가 허가 없이 집을 짓고
땅 위엔 이름도 모르는 풀들이 뿌릴 내렸다

갈길 좁아지는 토종들 대변하듯
도시의 작은 공원에 늘품 있는 구상나무
톡 쏘는 너만의 향기 내 마음이 싸하다

제2부 표석 앞에 서다

각명비를 읽다

오늘도 떠나지 못한 늙은 산비둘기
막힌 코 어두운 눈 뚫어주고 닦아주는
4월의 절물휴양림 솔 향기가 불고 있다

헐거운 날개 죽지 삐걱대는 다리 들고
마지막 비행이듯 천천히 날아올라
서너 번 거친오름* 돌아 각명비*에 앉았다

까만 빗돌마다 빼곡히 박힌 이름들
또렷이 쳐다보는 눈 뜬 임의 얼굴
70년 한의 말씀을 침묵으로 읽고 있다

* 4·3평화공원을 품은 오름
* 4·3 때 마을별로 희생된 분들을 적은 비

평화공원의 봄

어디서 들려오나

하얀 음표들이

4월 바람 타고 벚꽃으로 흩날리는

한라산 거친오름 자락

붉은 울음

동백꽃

도령마루 곰솔

그해 미친바람에 희생된 예순여섯
곰솔들 나이테 따라 삭혀온 70여 년
그 진실 증명을 하듯 사철 저리 푸르다
입만 벙긋해도 잡혀가 사지四肢 뒤틀리던
금기의 빙벽을 깬 '도령마루 까마귀'*
빨간 옷 벗겨 달라고
절대로 잊지 말자고
하늘 빙빙 돌며 피맺힌 울음소리로
오늘도 하나하나 눈물로 새기는 것은
백비白碑에 정명正名을 다는
이정표가 되리라

* 현기영의 단편소설 (1979년)

서천꽃밭으로 꽃배 타고 가소서
— 관음사 유적지에서

4.3의 퍼런 서슬에 초토화된 마을마다
목숨 하나 숨겨줄 곳 찾지 못한 주민들
한라산 너른 품속이 야속하기도 했으리

사상의 광풍 속에 뭐가 뭔지 알 수 없는
아버지 삼촌 형님들 죄인 아닌 죄인 되어
날마다 총 맞아 죽고 죽창에 찔려 죽은
원혼들 삭히고 삭힌 71년 세월 품고
연둣빛 봄바람에 슬픈 향기 날리는
들꽃들 진혼가를 부르며 부르르 떨고 있네

가신임 호명하듯 뎅그렁 풍경 소리
아미산* 동박새들 유적지*로 날아와
그 이름 동백 꽃잎에 음각으로 새길 때
천상의 문을 여는 관음사 범종 소리
꽃 진 자리마다 우담바라* 꽃이 피고
꽃배가 천천히 다가와 어서 오라 손짓하네

그래도 남은 피멍 가피로 씻어내는
발원의 염불 소리 모든 것 다 내려놓으시고
훨훨훨 서천꽃밭으로 꽃배 타고 가소서

* 아미산 : 제주 관음사 뒷산
* 우담바라 : 인도 전설에 나오는 삼천 년에 한 번 꽃을 피운다는 나무

표석 앞에 서다

무자년
원혼들이
올레길 산길 돌아
거친오름 자락 등 굽은 느티나무
굴곡진
나이테 돌아
새싹으로 피어나는
4월의 평화공원*
신원의 꿈 등에 진
구순길 어머니와 칠순의 유복자가
연둣빛 잔디밭 너머
표석 앞에 서다

뼈 하나 찾지 못해
새겨진 이름 보며
뭣이라,
한마디 말이라도 해야겠는데
후, 하고
터지는 한숨
눈시울만 붉어지는

술 한 잔 올려놓고 절하는 아들 보며

쌓이고 쌓인 한限이 한 겹이라도 벗겨질까
이제는
많이 용서했다고
흠향歆饗하고 가실까

그만 돌아서다 돌비에 손을 얹고
'다시 못 올 것 같아요 하늘에서 만나요'
어머니 젖은 목소리
명치끝이 아리다

* 이곳엔 4.3 사건으로 행방불명된 표석 3806기가 서 있다.

산짓물 따라

내 삶이 부딪치고 부딪치며 흘러가듯
한라산 계곡 따라 박성내*에 다다르자
암반의 4.3에 묻은 핏물 씻고 또 씻는다
70년 그 한을 다 지울 수가 없어
천길 벼랑 위에서 역류를 꿈꾸다가
떨어져 울부짖으며 도착한 산지천

이제 여정의 끝 태평양 문을 열고
달려온 바닷물과 아무런 조건 없이
몸과 몸 하나가 되어 출렁이는 물빛이여
그 깊은 만남의 속을 누가 알까마는
그래도 만세 부를 그 날은 꼭 온다고
팔순의 실향민 김 씨 물끄러미 보고 있다

* 박성내 : 민간인 학살이 있었던 아라동 소재 4.3 유적지 하천.

박춘옥*

수망리* 불미쟁이* 부부 가시리로 왕 사는디

그날 저녁 각시*가 날 ᄎᆞᆽ아왕
ᄒᆞᆫ끔이라도 도와주렌 허난
어떵 헐거라 그땐 다 모ᄉᆞ왕
어신 돈에 톡톡 털언 5원을 맨들앙 줬는디
때문에 날 잡아당 얼마나 두드려 팼는지
여기 봅써 손목이 비틀어졌수게
두 살 된 아들 안고 살려달라고 울면서 빌어도
난생처음 듣는 말 '내란죄'로
전주형무소로 끌려간 징역살당
고향 가시리로 완 산 지
내 나이 아흔셋 그 아들이
일흔셋 되도록 ᄀᆞᇀ이 살암신디
이젠 눈물도 몬딱 몰라 버리고
뼈 뽀산 잠도 못자고
머리 실려완 살지 못허쿠다

경해도
무죄 선고 받으난
한은 ᄒᆞᆫ술 풀렸수다

* 박춘옥 : 본명 박내은 4·3 수형생존인(2019년 1월 17일 제주지방법원은 18명 피고인들에 대한 공소를 모두 기각한다고 판결했다.)

* 표준어 표기

박춘옥

수망리 대장장이 부부 가시리로 와서 사는데//그날 저녁 아내가 날 찾아와 /조금이라도 도와주라 하길래/어떻게 할 거야 그땐 다 무서워/없는 돈에 톡톡 털어 5원을 만들어 줬는데/때문에 날 잡아다 얼마나 두드려 팼는지/여기 봐요 손목이 비틀어졌잖아/두 살 된 아들 안고 살려달라고 울면서 빌어도/난생처음 듣는 말 '내란죄'로/전주형무소로 끌려간 징역 살다/고향 가시리로 와서 산 지/내 나이 아흔셋 그 아들이/일흔셋 되도록 같이 살고 있는데/이젠 눈물도 모두 말라 버리고/뼈 쑤셔 잠도 못자고/머리 시려서 살지 못하겠어//그래도/무죄 선고 받으니/한은 조금 풀렸어요

연동리* 사설

1945년 지축을 흔드는 해방의 만세 소리
36년 멍들대로 멍든 상처뿐인 한반도를
미·소가 꽉 틀어잡고 줄다리기하는 사이

1946년 달려온 우파와 좌파 전선
입에 풀칠하기도 어려운 현실 앞에
5천석 추곡수집* 결정 터져버린 성난 도민

1947년 제주북교* 3.1절 기념대회
'3·1 정신으로 통일 독립 쟁취'
'미·소는 간섭을 말라' 외치는 3만의 군중

엇싸, 엇싸 관덕정을 향해 갈 때
날아온 총탄에 6명이 희생되자
분노는 하늘을 찔러 4·3의 불 지필 줄이야

1948년 숲이 떨고 바다도 우는 소릴
위정자는 귀가 멀어 듣지를 못했었지
이념의 잣대를 세운 먹장구름 뜬 하늘

광풍이 몰아치자 한 치 앞도 볼 수 없어
마을을 지키던 팽나무 가지 뚝뚝 부러져

뒹구는 골목길 사이로 이웃들은 금이 가고

민주民主니 공산共産이니 언제 들어봤나
춥고 배고픔을 한 방에 날려 보내
모두가 잘 살게 한다는 깃발 아래 모여드는

달콤한 소문들이 꼬리에 꼬릴 물고
빨갱이 사냥한다는 무차별 탄압에 맞서
결성한 무장자위대 경찰지서 습격했다

이날이 4월 3일 피가 피를 부르자
평화의 손을 잡은 김익렬*과 김달삼*
오라리 방화사건*에 물거품이 되었다

한 층 더 핏대 올린 미군정 지휘부는
김익렬을 경질하고 박진경을 임명하니
도민들 사시나무 떨듯 떨고 또 떨었다

'제주도 폭동사건을 진압하기 위해서는
제주도민 30만을 희생시키더라도 무방하다'
박진경 취임의 말에 한라산도 움찔했다

밤낮 가리지 않고 살벌한 바람 속에
광란의 춤사위가 44일째 되던 날
부하인 문상길* 손선호 박진경을 죽였다
〉

22세의 젊은 혈기 형장에 선 문 중위
'매국노의 단독정부 아래서 미국의 지휘하에
한국 민족을 학살하는 한국 군대가 되지 말라는 것이
저의 마지막 염원입니다' 마지막 말은
오늘도 섬 자락마다 동백으로 피고 있다

태극기와 인공기가 반도에 펄럭이자
남북이 하나 되는 꿈을 품고 뛰고 있던
백범은 가슴을 치며 통곡의 눈물을 삼킬 때

밤이면 무장대가 낮엔 토벌대가
한 치도 물러설 수 없는 팽팽한 사선死線 위로
섬사람 목을 조이듯 사상의 늪만 깊어 가더니

10월엔 벼락같이 떨어진 비상계엄
당국의 의혹 속에 불순분자로 낙인찍힌
66명, 도령마루* 솔밭 총살된 주검들

1949년 1월 11일 중·산간 소개령疏開令*에
아끼던 유품과 곡식 항아리에 담아 묻고
콩이나 보리를 볶은 비상식량 짊어지고

불 지른 137호 활활 타는 것을 보며
기약도 희망도 없이 길을 떠나는 발길
아버지 어머니 삼촌들 찢어지는 가슴 안고
김 씨네는 인연 따라 해변으로 내려가고

박 씨네는 처벌 될까 산으로 올라가는
살아서 돌아오자고 꼭 살아서 돌아오자고

마소를 방목하는 검은오름 지날 때
지친 몸을 눕혀 쳐다본 흐린 하늘엔
이제 곧 쏟아질 것 같은 눈구름이 떠 있다

찾아간 동굴 속엔 푸드득 박쥐 날자
으아앙, 우는 아이 입을 틀어막는
어머니, 부르튼 손에 떨어지는 닭똥 눈물

지고 온 양식마저 바닥을 드러내는
춥고 배고픔에 걱정과 두려움에
아버진 아무 말 없이 푹푹 한숨만 쉬었다

두 달쯤 지났을까
누군가 부르는 소리
밖으로 나가보니 정생이 아들이라
'여기엔 어떵허영(뭣 때문에) 와시냐 아방 죽어시냐?'
'아니우다 읍내로 갔던 사람들도 몬딱(모두) 돌아왕
집도 짓젠ᄒᆞ고 크게 성담도 다왐수다(쌓고 있다)
무조건 내려 오랜 햄수다 빨리들 그릅써(갑시다)'

성담 안엔 바둑판처럼 가른 집터 위에
바둑돌 하나씩 놓듯 초가집 129호
성문城門 안 바로 옆에는 경찰지서와 민보단*

〉

성담 위 곳곳마다 덩그런 보초막이
성벽엔 자갈 든 깡통 긴 줄에 달아매고
당기면 댕글랑 당글랑 비상벨이 되었다

성담 밖엔 2m 함정 둔덕엔 실거리나무*
그 누가 침범하랴 안도의 문을 닫고
흙담집 한 칸 방에서 새우잠을 잤었다

유격대 총사령관* 주검 6월의 햇살 아래
십자로 묶어 세운 관덕정 넓은 마당엔
길 잃은 까마귀 한 마리 빙빙 돌다 날아갔다

10월의 정뜨르비행장* 구덩이 길게 파놓고
탕 탕 탕 249명* 중엔 나의 형님도 있어
아버진 화병을 얻어 젊은 나이에 돌아가셨다

광기의 시대 바람은 날마다 세게 불어
산사람도 무섭고 군경도 무서워서
주민들 갈림길에 서서 안절부절 떨고 떨었다

1950년 6.25 동족상잔의 피가 섬까지 튀자
대정지서, 절간 고구마 창고에 갇혀 있던
사상이 의심된다는 예비검속자 200여명

견우직녀 만나는 밤 끌고 간 섯알오름*

파 놓은 일제 탄약고 둔덕에 세워놓고
탕 탕탕 쓰러진 사람들 엉겨 붙은 백조일손*

귀순하면 죄를 묻지 않겠다는 선무공작에
산으로 피신했다 자수한 3천여 명
끌고 와 가두어 논 주정 공장 고구마 창고

고구마 선별하듯 손가락 총에 찍힌 남자들
7월 밤 사라봉 앞바다로 배에 싣고 가
돌덩이 몸에 묶인 체 수장해버린 그 날 후

의심이 털끝만큼이라도 있다는 사람들
서대문, 대전형무소로 끌려가 수감됐다
군·경이 1.4 후퇴 때 동조할까 총살해버린

1951년 1월 밤 자정 요란한 깡통소리
아버진 날 안아 들고 파고든 보리짚가리
아버지 쿵쿵거리는 심장 난생처음 느꼈다

동트자 씨위이잉 비상의 싸이렌 소리
밤샌 주민들이 정문 앞에 모여들어
파랗게 질린 얼굴로 귀를 세워 들었다

"강 구장님은 죽창에 눈이 찔려 읍내 도립병원으로 가셔서
서기인 저가 대신 몇 말씀 드리겠습니다. 지난밤

순찰 돌던 오 씨가 폭도야! 하는 소리에 박 지서장이 나타나자
2명의 폭도가 덮쳐 총을 빼앗아 쏘아 죽였고,
정문 망루에 있던 이 순경은 공비 1명을 발견 쏘아 죽였다고 합니다.
저기 보이지요. (윗주머니엔 미제 숟가락이 반짝이고 있다)
그 후 갑자기 수류탄이 '쾅' 터지자 20여 명이 도주해 버렸다고 합니다.
지서를 비롯하여 여섯 집이 불타버렸고,
소 일곱 마리와 많은 쌀을 털어 가버렸습니다.
그 외 피해 상황은 나중에 말씀드리겠습니다."

이웃들 모여들어 불탄 집 새로 짓고
십시일반 쌀을 모아 인정의 꽃 피웠지만
한겨울 추위와 굶주림에 하루하루가 길었다

자정子正이면 야경꾼이 각목을 손에 들고
'딱 딱 딱' '잠자지 맙써' '딱 딱 딱' '잠자지 맙써'
어른들 노루잠을 자다 동이 트면 나왔다

산 입에 풀칠하기 너무나 어려워서
무릇과 보리쌀 한 줌 풀어 쑨 맑은 죽
주린 배 달래주려다
헛배만 더 불었다
〉

1954년 '한라산에 봄이 오다' 담화문에도
하늘만 쳐다보는 무덤덤한 주민들
3월의 꽃샘바람만 밤낮으로 불었다

연화촌 106명* 떠도는 원혼들
해마다 남조손오름*에 억새풀로 돋아나서
정명正名의 날은 오는가
피고 지고 70여 년

* 연동리 : 제주시 연동의 옛 이름
* 1946년 당시 먹을 것도 모자란 데 추곡 수집 5천석 결정에 반대운동
* 김익렬 : 제주도 9연대장
* 김달삼 : 유격대 총사령관
* 오라리 방화사건 : 오라리 연미 마을을 무장대를 가장한 괴청년들에 의한 방화사건
* 박진경 : 9연대장
* 문상길 : 제주 9연대 소속 중위. 하사 손선호와 박진경을 암살함
* 소개령 : 제주 9연대장 송요찬은 해안선에서 5Km 이상 지역(중·산간)은 적성구역으로 정하 고 그 곳에 출입하는 사람들은 무조건 사살하라는 포고령
* 도령마루 : 제주시 7호 광장 지역 신제주와 공항 입구
* 정뜨르비행장 : 제주국제공항
* 백조일손 : 백 할아버지에 한 자손이라는 뜻
* 성담 : 높이 8m 길이 700m
* 성안 : 동서 길이 190m 남북 길이 160m 총면적 9,200여 평
* 민보단 : 15세~60세 남자로 조직한 자체방위대 주로 밤에 보초를 섰다
* 실거리나무 : 가지에 낚시 바늘처럼 험악한 갈고리 가시가 있어 헤쳐나가기가 매우 어려운 나무
* 총사령관 : 이덕구
* 249명 : 총살 집행 후 그 자리에 암매장
* 섯알오름 : 제주 대정읍 모슬포에 있다.
* 106명 : 4.3으로 희생된 연동 주민 수
* 남조손오름 : 제주시 연동 바로 남쪽에 있는 오름

제3부 달개비 꽃

새벽 부두

겉은 조용하지만 속으로 울고 있는
바다의 깊은 뜻을 너는 알고 있는지
닻 내린 통통배들이
어깨 비비는 소리

갈고리로 들어 올린 달랑 갈치 세 상자
바르르 떨고 있는 박 선장의 투박한 손
그래도 아는 듯 모르는 듯
감싸주는 아침노을

늦가을 벌판

물든 단풍잎에도 푸름이 녹아 있듯
창창한 그런 시절 누군들 없었겠나
때 되어 피고 지는가
갈림길이 환하다

높게 보는 것도 낮게 보는 것도
어쩌면 바람과 햇살이 하는 것을
쉼 없이 흔들리다가도
바로 서는 의지 있다

뽀얀 뭉게구름 아래 하얀 조랑말이
억새꽃 파도 속에 은발의 꼬릴 치며
황소가 새김질하는 것을
물끄러미 보고 있다

고드름

참았던 그리움이
눈으로 내려 쌓인

초가지붕 가장자리
맺힌 말 한마디

느낌표,
남루한 내 가슴에
투명하게 꽂힌다

포도

돌담집

울타리 너머

꼭지마다

검붉은 창들

칠월의 푸른 햇살이

어루만지는 시간 따라

알알이 영글어가는

나는 지금

사춘기

장마와 지렁이

늘어진 상춧잎들

고갤 들고 싶어도

우수수

빗방울에

또 다시 늘어질 때

땅속을

뚫고 나온 지렁이

위태로운

만행 길

현무암

한라의 분노인가

구멍 난 까만 돌들

설문대할망[*] 품에 안겨 곤히 잠을 자다

돌챙이[*] 정 소릴 따라

밭담이 되고 집이 서고

삼성혈[*] 혼을 담아 지켜 선 돌하르방

순한 왕방울 눈빛 불멸의 붓을 잡고

화산도 푸른 서사敍事를

바윗돌에 쓰고 있다

* 제주도를 창조했다는 신화 속 여인
* 석공의 제주어
* 사적 134호, 고高 양梁 부夫 3성 시조가 솟아난 곳으로 전해지는 곳

있었지

폭염을 짊어지고 나선 바닷가엔 밤새 뒤척이던 한 쌍의 남방돌고래
때때로 분수를 쏘며 사랑놀이하고 있다

튜브 탄 연인들이 타고 넘는 파도 속에 까르르 까르르 터지는 웃음소리
밀물로 밀려왔다가 썰물로 돌아가는

갯바위에 걸터앉아 보고 있는 노부부

여보! 우리도 저런 때가 있었는감?

파도가 살며시 다가와
소곤대듯

'있었지'

토종 감나무

늘물* 선생 터를 잡은
정류헌 잔디밭에
시인들 모여 앉아
막걸릴 들이키다
불현듯
떠오르는 감밭* 시인
한라의 바람 노래*

예지의 눈빛으로
황무지 개간하듯
일궈낸 제주 시조
30여 년 나이테 돈

〉

질푸른

토종 감나무

일렁이는 3장 6구

* 고성기 시인
* 김공천 시인의 아호
* 감발 시조집 제목

달개비 꽃

땡볕 가뭄에도 몇 번의 태풍에도
잎이 말라가고 줄기가 동강 나도
생명의 끈질긴 힘은 어디에서 오는가

어디 든 뿌리 내려 고락苦樂의 손을 잡고
사랑의 파란 나비 날아가는 그 날 위해
순응의 가슴을 열고 품어 안기 때문이다

상사화 만개하다

박물관 뒤뜰 숲에 빨간 양산들이
야윈 가을빛을 한가득 받쳐 들고
누구를 기다리시나
그 눈빛이 초조하다

이미 잎은 지고 쌓인 그리움만
밀어 올린 꽃대마다 새긴 열정인 양
당신과 못다 이룬 사랑
그 영혼마저 타고 있다

숲을 걷는 것은

봄가을
어느 때라도
숲을 걷는 것은

물소리 바람 소리 팔랑이는 나뭇잎 소리에

오래된
내 영혼의 옷을
빨고 다림질하는 것

월정리 여름 바다

비취색 융단을 깐 월정리* 바다에서
사람들 옥색 치마 맘껏 둘러쓰고
찌든 삶 다 털어내듯 해수욕이 한창이다

날씬한 사람이나 뚱뚱한 사람이나
온몸을 칭칭 감아 나부끼는 찰진 햇살에
바다는 에메랄드빛 싱그러운 꽃밭이다

헛디딘 발자국들 파도가 지워낼 때
계급장 뗀 사람들 수평선 당겨 앉아
모래성 쌓고 허물며 그려놓은 환한 미소

어찌 나만 알까 찰칵찰칵 폰에 찍어
톡톡톡 카카오톡 당신께 보내는 순간
엿보던 괭이갈매기도 고개 살짝 돌린다

* 제주시 구좌읍에 있는 바닷가 마을

별꽃

마음이 울적하여 늦은 밤길을 걷다

공터 한 모퉁이 가로등 불빛 아래

하얀 별 붉은 별들이

우울함을 닦아 주는

이심전심

단감이 익어가는 옆집 감나무 두고
한 마리 직박구리 우리 집 구상나무에
때때로 날아와 앉아
요리조리 기웃댄다

알 수 없는 몸짓 문안하러 왔을까
새로운 짝을 찾아 헤매고 있는 걸까

누군들 외로움 없으랴
눈빛으로 주고받는

명상을 한다는 것은

명상을 한다는 것은
호흡을 알아차리는 것
숲속 넓은 평상에 사지를 쭉 펴고 누워
지그시 눈을 감았다
몸과 맘이 달콤하다

내쉬고 들이마시고
내쉬고 들이마시고
숨결의 길을 찾아 헤매는 순간마다
비집고 들어온 망상들이
꼬리에 꼬릴 물어도

풀어진 단전에 힘을 줘 부풀리는
반복의 긴 터널을 참고 지날 때쯤
천천히 빠져나가는 것을
알아채게 되리라

사라졌다 돋아나는 내 삶의 부스러기
바로 인정하는 양심의 시퍼런 서슬
또렷이 발견하는 순간
몸과 맘이 새롭다

제4부 갈칫국

지는 것이 이김이여

풀리지 않은 일이 늘 있게 마련이지만
별것도 아닌 일에 아내와 다툴 때면
반백 년 가까이 살아도 미로 같다 때로는

그래, 내 탓이오 마음을 비우다가도
말꼬릴 잡고 흔드는 가시 박힌 한 마디에
뇌리에 똬리를 틀고 쥐어짠다 가슴을

줄기 체 고구마 캐듯 들춰낸 지난 일들
극과 극 불꽃 튀듯 치받는 난타전에
코너에 몰리더라도 물러서지 않았다

한바탕 시소 끝에 창문 밖 하늘 보니
번뜩 스치는 글귀 '지는 것이 이김이여'
다정히 손잡고 걷던 올레길이 보인다

토종오이를 심다

노각절임 생각 일어 토종오이 심었더니
생사를 넘나드는 지독한 긴 가뭄에
때때로 물을 줬지만 옴짝달싹 안했다

어느 날 벼락 치며 흠뻑 내린 단비에
하루가 다르게 줄기 뻗어 땅을 덮고
앞다퉈 노란 꽃들이 줄기마다 피었다

벌들이 윙윙대며 나를 부르기에
가까이 다가앉아 암꽃을 찾았지만
무성한 이파리 사이 수꽃만 보인다

아 아, 이럴 수가 웃음이 절로 났다
땅 탓 씨앗 탓 가뭄 탓 비료 탓
또다시 헛일했다고 돌아서고 잊었다

얼마쯤 지났을까 아내의 함박웃음
커다란 노각 두 개 따 들고 나를 보며
동 맺은 거 많이 보여요 나눠줘도 되겠어요

갈칫국

0
갈치 삽서 갈치 삽서 싱싱한 갈치 삽서

어머니, 보리쌀과 바꿔 끓여 먹던 갈칫국

그 갈치 30여 년 지나

금갈치가 된 오늘

00
제주 앞바다는 밤새 불야성이더니

아침 서부두에 출렁이는 만선 깃발

호박과 풋고추 썰어놓은

갈칫국을 끓였다

알싸한 국물 맛에 떠오르는 어머니 얼굴

당신은 차마 못 먹고 얹어주던 갈치 한 토막

〉

가시를 발라 먹다가 울컥

눈시울이 뜨겁다

절물 휴양림

폭염을 주무르는 바람의 손을 잡고

땡볕을 받아치는 울창한 침엽수림

평상에 나를 눕히고

혈穴마다 침을 놓네

냉잇국

겨우내 부풀어 오른
2월의 보리밭을
칠순의 어머니는 골 따라 밟으시다
풋풋한 냉이를 보면
뿌리째 캐 안았다

봉천수 끓는 물에 묵은 된장 풀어 넣어
한소끔 끓여낸 어머니의 고단한 삶
냉잇국 짙은 향기에
고픈 배가 붕붕했다

발목을 삐다

봄 햇살 등에 지고 곶자왈 숲에 들어
덤불숲 길을 가다 무심코 디딘 발이
뾰족 돌 호미걸이에 주저앉고 말았다

발목을 주무르고 밀고 당겨봐도
연식年式이 오래되어 어쩔 수가 없는 건지
뒹구는 나뭇가지 주어 지팡이를 삼았다

'액땜했다 생각해요' 지인의 한 마디에
구겨진 생각 펴며 절뚝이며 가는 길이
언제나 비포장 길임을 오늘 다시 깨닫는다

모두가 그리워진다

일터를 그만둘 때 섭섭한 마음보다
담담한 생각으로 왔던 길 돌아보니
얼룩진 세월 폭 만큼 주름살만 늘었다

지위나 명예 따윈 문 걸어 잠가놓고
귤나무와 벗하거나 글줄을 읽고 쓰다
오름과 숲을 걸으며 들꽃들도 만난다

어쩌다 명상에 들면 나를 찾기는커녕
부끄러운 일들만 우르르 몰려나와
남루한 영혼의 기둥을 흔들어댈 뿐이다

때때로 사라봉에 올라 오가는 배를 보면
좋았던 사람들이나 미웠던 사람들마저
모두가 그리워지는 것은 늦게 드는 철 탓일까

마라도 가다

꾼 돈은 가파도* 좋고 마라도 좋다는
모슬포 바닷바람이 살랑대는 송악산 포구
도항선 칭얼대는 소리 발걸음이 가볍다

5분쯤 달렸을까 집채 같은 너울 파도
부딪는 순간마다 피칭일까 롤링일까
얼굴이 파래지면서 두려움이 몰려온다

내 삶에 평화로운 날들이 얼마나 될까
중심 잃은 몸과 맘 30여 분 뱃길 끝에
도착한 마라도 선착장 마라도가 빙빙 돈다

해조음에 귀 씻으며 섬 자락 길을 걷다
다가선 최남단 표석 환해진 마음의 뜰
이어도 푸른 기운이 넘실대며 다가온다

* 마라도 앞 섬

쪽파를 심다

매단 망사리에 혼곤히 잠을 자던
쪽파 뿌리들이 새싹을 밀고 있다
때맞춰 심지를 못한
아둔함에 내가 밉다

늦었다고 메마른 땅엔 심을 수 없어
촉촉이 젖어오는 이른 아침 9월 비에
꼭 꼭꼭 심는 자리마다
미안함도 심는다

생의 필수 조건 지수화풍地水火風 아니던가
그 은혜 잊고 사는 한심한 나를 보며
흙 묻은 손만 씻다가
마음까지 씻는다

새별오름을 오르다

가을이 익어가는 소릴 듣고 싶어
억새꽃이 너울 치는 오름 앞에 서다
삽상한 9월 바람이 초로初老의 등을 민다

천천히 오르리라 지고 온 다짐이
어느새 조급함에 걸음이 빨라지고
숨이 찬 젖은 이마가 발목을 잡고 서다

7부 능선 아래 펼쳐 놓은 풍경화엔
낙관을 찍어달라 손짓하는 노송들
맙소사, 고개를 돌려 가파른 길 오른다

표고 519미터 정상에 서는 순간
잡힐 듯 다가오는 한라산과 애월 바다
몸 낮춘 이달오름*도 윙크하며 부른다

* 새별오름 서쪽 바로 옆에 있는 오름

계단을 오르며

병명은 척추협착증 물리치료 받고 나면
반짝 좋아졌다 다시 돋는 허리통증
파랗던 삶의 리듬이
깨져버린 어느 날

무조건 오름이나 계단을 오르시게
일주일쯤 하다 보면 차도가 있을 걸세
지인의 한마디 말이
허리에 똬릴 틀었다

별도봉 장수로 따라 오르는 동쪽 계단
내 언제 가파른 길 피하며 살았겠냐만
한 발짝 놓을 때마다
저려오는 허리 무릎

열흘쯤 올랐을까 한결 가벼워진
정상에 발 디디면 날아갈 것 같은
명의가 바로 너였구나
땀방울이 약이라는

운전을 하다

브레이크 밟는 것은 내 안을 점검하는 일
앞만 보고 달리다가 그만 침범해버린
중앙선,
빨갛게 달아오른
뒷덜미가 후끈하다

바쁜 것도 아닌데 불이 난 것처럼
좌우로 곡예 하듯 앞질러 달려가도
끝내는 신호등 앞에
만나고 마는 것을

몇 번을 가다 서다 파란 불은 꺼지고
초조한 시간 따라 공회전만 늘어가는
내 삶의 7부 능선에
못 버리는 냄비근성

은발을 찾다

누가 뭐라 해도 생긴 대로 사는 거요
그래도 남 보기에 나이 맞게 보여야죠
신문지 목에 두르고 염색하던 아내의 손

날마다 새치 늘어 윗분보다 하얀 머리
언짢아 색칠한 지 벌써 20여 년
가면을 벗어버리자 반짝이는 내 은발

갑도 없고 을도 없어 눈치도 볼 일 없는
그렇고 그런 일들 풀어놓고 만난 자리
오히려 멋스럽다고 칭찬인지 헛소린지

겉이 변한다 해도 나는 나일 뿐이지
노랑머리 붉은 머리 흰머리 검은 머리
춤추는 도시의 거리 사방팔방 튈지언정

월령리 바닷가에서

정월 대보름날 썰물이 시작되자
바지를 걷어 올린 월령리* 바닷가엔
고동과 소라 해초들이 숨바꼭질 한창이다

지난 폭설에도 이겨낸 손바닥선인장
붉은 가시에 찔린 바람 타고 윙윙대는
바다 위 풍력발전기 밤잠마저 설쳤나 보다

바다는 에메랄드빛 바닥까지 환한 수심
서로를 배려하듯 아무런 다툼도 없이
오가는 물고기들이 자유롭고 평화롭다

시간이 멈춘 자리 가만히 보고만 있어도
때 낀 일상들이 시나브로 씻겨 나가
영혼이 맑아지는 것을 오늘에야 알았다

* 월령리 : 제주시 한경면에 있는 마을

허무를 배우다

한 그루

무화과나무

무화과가 익을 무렵

어느 날 지인 몇 불러 따러 갔더니

새들의

잔치가 한창이네

허 허 웃고

말았네

배추밭인지 잔디밭인지

두 번의 파종에도 싹이 나지 않아 포기한 배추밭에
비가 흠뻑 내린 날
아내는 될 대로 되라며 남은 씨를 다 뿌렸다

어느 날 잘 났다고 아낼 따라갔더니 아 글쎄 배추밭인
지 잔디밭인지 알 수 없어
아무런 말도 못하고 먼 하늘만 쳐다봤다

천지天池 생각

그 날* 백두 천지는 컴컴한 안개 장막
실망이 너무 커서 바위틈에 무릎 꿇고
지난밤 쓰고 태우지 못한
소지燒紙를 읽고 태웠다

지성이 우연일까
바람이 걷어 올리는
백두의 이목구비 자르르 윤기가 돌고
카메라 셔터 소리에
움찔하던 열여섯 봉峯

상영은 딱 45분 또다시 안개 장막
뛰는 심장 소리 천지에 풀어놓고
하산 길 천지폭포에
눈과 귀를 씻었다

* 우리나라와 중국 수교 바로 전 해인 1991년 8월 17일.

폭설

슬프고 부끄러운 일

누군들 없겠냐만

눈 펑펑 내리는 날엔

샅샅이 끄집어내어

다시는

돋아나지 않도록

깊이깊이 덮고 싶다

제5부 명상하는 먹돌

단풍과 노부부

곱게 단풍이 든

감나무 앞에 선 노부부

할멈, 단풍이 봄꽃보다 아름답지요?

참으로 곱게 물들었네요

우리도 그렇지요?

연분홍 농담弄談

노을이 서창으로
엿보듯 넘나드는

국밥집 구석자리에 마주 앉은 지천명을 넘긴 중년 여자와 남자 몇 차례 술잔이 오가더니 여자의 볼에 연분홍 꽃이 피어오르자 '오빠, 내숭 떨지 말고 솔직히 말해보세요.' 뜸을 들이던 남자 젖은 목소리로 **'나는 할 말이 없다'는 말에** 파르르 내 술잔이 흔들리고

'저는요,
해줄 말이 없어요'
호호호 호호호

잔디 운동장

그대여, 스트레스에 몸과 맘이 괴로울 땐
365일 언제라도 저에게로 오세요
내 몸을 사뿐사뿐 밟아요
가슴 펴고 걸어요

밟은 자리마다 더욱더 단단해지는
튼튼한 나의 뿌리 걱정 말고 걸으세요
오로지 그대를 위해
모든 것을 바칠게요

그래도 여기저기 골고루 밟아줘요
상처가 깊어지면 수술을 해야 해요
배려는 그대와의 공존
향기롭게 살아요

뚜럼* 양반

마당에 편 멍석에 노란 콩알들이
가을 햇살에 일광욕을 하고 있다
하늘엔 먹장구름이 오는 것도 모르고

와스스 빗소리에
낮잠 자던 주인 양반
벌떡 일어나더니 '게 누구 없느냐
비 온다 비 온다 비 온다'
질러만 대는 저 뚜럼

* 약간 모자란 사람을 일컫는 제주어

봄비

참나무 굳은 관절도 살살살 풀어주고
곶자왈 오소리도 겨울잠 어서 깨라고
봄비가 내리는 한낮 연둣빛 바람 분다

누군들 살다 보면 목마름이 없겠냐만
파랗게 씻어 내린 맑디맑은 하늘 보자
허기진 산비둘기 떼 새 길 내며 날아간다

똑똑똑 낙숫물 소리 낮잠 깬 할아버지
허허, 기다렸듯 쇠스랑 쳐다보며
묵정밭 씨 뿌릴 생각에 주름살이 펴졌다

홍매

뜨겁게
뭣 모르고 달아오른
사춘기처럼

그 마음
시샘이나 하듯
몰아치는 꽃샘추위

입술을
오므렸다 벌는
홍매화 두어 송이

화투판은 꽃밭이다

3월의 맑은 하늘 낮달이 망을 보고
누굴 응원하는지 새들은 벚나무에서
구구구 찌르르 짹짹 난무하는 낮 한때

꽃샘추위 물러난 신산공원 구석진 자리
팔순의 할아버지 할머니 둘러앉아
한 점에 10원을 주고받는 화투판은 꽃밭이다

집밥 콘서트*

어머니 손맛 같은 옛 맛이 서려 있는

구수한 토장국에 보리밥과 고기 몇 점

소박한 '집밥 콘서트'

막걸리와 피아노

* 식당 이름

은행나무와 노송

5백 살 은행나무 늦가을 늦바람에
우수수 떨어지는 노란 단풍잎 보며
늠름한 노송 한 그루
조롱하듯 말하네

"왜 너는 입은 옷을 해마다 떨쳐내니
아까워 죽겠어 그 화려한 금빛 옷을"
"때 되면 꼭 버려야 돼 무거워서 못살아"

"날 봐, 긴 가뭄이나 눈보라 몰아쳐도
사철 독야청청 품위가 있지 않니"
"아니야 영원한 것은 없어 우쭐대다 코 다쳐"

어느 날 돌풍 불어 큰 가지 작은 가지
작살난 노송의 처참한 몰골 앞에
멀쩡한 은행나무 하는 말
'버릴 줄도 알아야지'

춘화

카톡, 카카오톡
어쩌다 문을 열면

때도 없이 날아드는 별별 뉴스가 눈을 잡다가 시국도 하 수상한지 뜨거운 영상이 회춘 바람을 타고 와 내 마음을 쿵쾅쿵쾅 홀라당 벗겨놓고 바로 월담을 하려는 순간 와르르 무너지는 돌담에

얼씨구
주책바가지
갈지之자로 깔려버린

우묵사스레피

하도리* 바닷바람에 삐딱하게 누워버린
너를 볼 때마다 도지는 섬의 아픔
수평선 그 너머 꿈이
사라졌다 하더라도

들어도 못 들은 척 보아도 못 본 척
그때처럼 눈 귀 막고 순응하며 살다가도
내 허리 딱 한 번만이라도
쭉 펴고 살고 싶다

* 제주시 구좌읍 바닷가 마을

단비 내리다

목말라 헉헉대던 자갈밭 귤나무들
잡풀들 환호성에 발가락 펴는 소리
내 마음 묵정밭에도 쇠스랑질 시작이다

청태콩을 심을까 배추 무도 심어야지
땀 젖은 이랑마다 풍요를 기원하듯
7월의 배추흰나비가 비트는 하늘 자락

감나무 넓은 잎은 풋감을 살찌우고
밤이면 대추나무 작은 잎에 별빛 받아
하얀 꽃 무더기로 피어 살찐 가을 오겠지

펠릭스 클리저*

8월의 열대야를 한 방에 날려버리듯

입술과 발가락으로 호른을 연주하는

어두운 내 귀와 눈을 반짝반짝 닦아내는

강함과 부드러움이 여울지는 혼의 선율에

잡스런 생각마저 시나브로 사라지고

그 마음 하나로 묶어 부양浮揚되는 청중들

* 두 팔 없이 태어난 독일의 호른 연주자

명상하는 먹돌*

어찌 멍들지 않고 살 수 있겠냐고

마모된 방랑의 길 촘촘히 새겨보듯

바닷가 퍼질러 앉아 반짝이는 먹빛 언어

* 매끈하고 둥근 까만 돌

이시형*

잡티 없는 매끈한 얼굴
날씬하고 꼿꼿한 자세

아침 30분 스트레칭과 명상, 규칙적 생활, 높은 이상을 품고 살다 보니 지금껏 로션 한 번 안 바르고 감기 한 번 안 걸리고 살고 있다는

85세
선仙마을 촌장
햇빛과 산책
새로토닌

* 정신과 의사

로또 복권

용꿈도 돼지꿈도 꾼 적은 없더라도

월요일이면 복권 두 장 사는 일용직 김 씨
그 돈이면 몇 번 콩나물은 사 먹을 수 있다고
투덜대는 아내에게

하루는 실망하지만
6일은 꿈에 살지요

수선화

사라봉 오르는 길 폭설과 칼바람에도 올곧게 밀어올린 너의 꽃향기에 가던 길 멈추어 서서 흐린 눈과 귀를 씻었더니

나도 모르게 파란 풍선을 타고 사라봉 등대를 지나 관덕정 광장을 돌 때 지금껏 내가 팔아버린 양심들 목덜미를 잡고 끌고 가더니, 목관아 형틀에 묶여 엉덩이가 터지도록 한없는 곤장질에 초주검이 되었지만 죗값을 치른 것 같아 마음 훨씬 가볍더라

등 하나 밝혀놓은 늦은 참회의 방
황무지 개간開墾하듯 썩은 뿌리 뽑아내고
오로지 당신만을 위해 너를 가득 심고 싶다

| 해설 |

먹돌 앞에서 펼쳐 나가는 불화不和 혹은 수신修身

홍기돈(문학평론가, 가톨릭대학교 국어국문학과 교수)

1. 『연동리 사설』: 실패의 궤적 혹은 자책의 품격

『연동리 사설』을 읽다보면 문득 내성외왕內聖外王이란 개념이 떠오른다. 작품에 드러나는 시인 오영호의 면모가 그러한 개념과 겹쳐지기 때문이다. 안으로 성인의 덕을 닦고, 바깥으로 제왕으로서의 능력을 갖춘다는 내성외왕은 『장자』에 등장하는 용어인데, 성리학 성립 이후 선비들이 추구해야 할 덕목으로 부각된 바 있다. 물론 동아시아의 전통사상에 입각한 가치 체계가 오늘날 근대 세계의 작동 원리와 공존하기는 지난할 수밖에 없을 터, 사회의 구부러진 양상을 바르게 펴겠다는 '외왕外王'으로서 오영호의 지향은 쉽사리 실현되지 못하며, 스스로를 수신修身의 자리로 이끄는 '내성內聖'이란 품격은 대체로 실수와 자책에 의해 깊어지는 양상이다.

오영호의 지향은 왜 좌절되며, 그의 실수 · 자책이 일어나는 지점은 어디인가. 이와 같은 물음이 중요한 까닭은 시인이 스스로 설정해 놓은 자리는 처음부터 실패할 수밖에 없는 지점에 놓여 있었기 때문이다. 달리 말하자면, 패배의 방식으로만 드러나게 될 세계와의 불화를 오영호가 끌어안고 있다는 것이다. 오영호의 세계가 우리 사회의 단단한 물질성 바깥으로 튕겨져 나갈 때, 지금-여기의 세계가 어떻게 작동하는가에 대한 거시적 성찰이 가능해진다. 『연동리 사설』에 드러나는 실패의 궤적을 되짚어 보는 작업이 중요하다는 언술은 바로 그러한 사실을 가리킨다. 이때 흥미로운 점은 거시적 성찰의 단서를 제공하는 시적 사건은 큰 이야기가 아닌, 일상의 소소한 이야기로 펼쳐진다는 것이다.

각 부의 성격으로 구분한다면, 『연동리 사설』의 1부와 2부는 바깥 세계에 대한 시인의 입장이 드러나거나 표명된 시편들의 묶음이며, 3부 · 4부 · 5부의 시편들은 자신의 삶을 둘러싼 성찰이 주조를 이루고 있다. 이에 따라서 해설의 첫 번째 분석, 두 번째 분석은 각각 외왕外王, 내성內聖의 측면에 맞춰서 진행하고자 한다. 그리고 다시 2부의 시편들에 대한 분석을 따로 나누어 세 번째 항목으로 진행할 것이다. 2부의 시편들만 특화시키는 까닭 또한 시인의 의도와 관련이 있다. 시집 제목을 2부에 실린 동명의 시 제목에서 따왔을 뿐만 아니라, 〈시인의 말〉을 보건대 『연동리 사설』의 작가의식은 2

부의 4.3 시편들을 향하여 곧장 나아가는 양상이기 때문이다.

2. 불화不和로서 드러나는 외왕外王의 길

〈시인의 말〉에서 오영호는 "4.3의 정명正名을 찾는/ 그날까지 노래하고 싶다"는 바람을 표출하고 있는데, 『연동리 사설』의 1부 시편들을 읽어보면 그가 비단 4.3에 대해서만 정명을 요구하고 있는 것은 아니라는 사실이 드러난다. 서로 어긋난 명名과 실實을 일치시켜 서로 부합하도록[相符] 만드는 일이 정명의 길일 터인데, 시인은 표리부동表裏不同이 마치 당연한 원칙인 양 횡행하는 현실을 지적하고 있다는 것이다. 먼저 「한 벌에 만원」을 보자. "한 벌에 만원"이라는 간판을 보고 들어간 상점에서 시인은 진열된 등산복 혹은 추리닝을 골랐다. 그런데 7만원이란다. "아니 만원 아니요?/ 아 그건 간판 이름이지요./ 뒤통수가 후끈했다" 이를테면 양의 머리를 걸어놓고 개고기를 파는 격[羊頭狗肉]인데, 당당한 주인의 반응이 우리 시대의 보편 정신을 드러내고 있다.

제한된 공간 내에서 짤막한 서사가 펼쳐지고 있다는 점이 「한 벌에 만원」의 특징인데, 동일한 면모를 나타내고 있는 시편들로는 「시내버스 안에서」·「부정과 긍정」·「그리운 골목길」 등이 있다. 「시내버스 안에서」의 경우, 어긋나는 겉과 속의 관계를 이해하기 위해서는 우선 등장인물들의 연령대에 주목해야 한다. "팔순의/ 할머니가/ 버스에" 오르자 '60대 부인'이 자리를 양보하는 반면, 한 '젊은이'는 보지 못한 척 "눈 돌리고 / 핸드폰에" 몰입할 따름이다. 사지 멀쩡하고 기운이 왕성한 젊은이가 의당 양보해야 하는 것 아닌가, 라는 것이 시인의 기본 태도이다. "한 마디 쏘아줄까 말까" 그런데 시인이 망설이는 사이 젊은이는 "다음 정거장"에서 "재빠르게" 내려 버린다.

기실 지금 우리가 살아내고 있는 근대 사회에서 그 젊은이에게는 자리를 양보해야 할 책임(의무)이 없다. 법(계약)을 어기지만 않는다면 어떤 개별자의 욕망과 권리도 마땅히 보장되어야 하기 때문이다. 각각의 개별자들이 사회계약에 따라 구성하여 운영해 나가는 것이 근대의 사회-체제 아니었던가. 겨우 한 정거장 더 자리에 앉으려고 안면을 몰수하는 젊은이의 행태가 아무리 괘씸하더라도 그는 욕망 충족을 주장할 수 있는 '근대의 자율적 개인'이다. 「한 벌에 만원」의 가게 주인도 마찬가지다. 자본주의 사회에서 부의 축적 과정은 그다지 문제되지 않는다. 다만 누가 얼마만큼 성공했는가의 결과만이 그 사람을 증명할 따름이다. 그러니 가게 주인으로서는 우선 사람들의 발길을 끄는 것이 중요할 터, 명실상부니 양두구육 따위야 알 필요가 있을 리 없다.

짐짓 비관론과 낙관론의 관점 차이를 설파하는 듯 보이는 「부정과 긍정」에서는 균형자 역할을 자임하는 어머니의 태도가 흥미롭다. 형이 감춰 둔 아이스크림 두 개 가운데 하나를 동생이 묻지도 않고 먹어버린 게 사건의 전말이다. 형은 왜 굳이 자신의 아이스크림을 숨겨야 했으며, 어머니는 어떻게 "하나라도 남겼지 않니"라고 동생을 두둔할 수 있을까. 주지하다시피 근대 사회는 이윤 창출을 근거로 운영된다. 일찍이 마르크스는 이윤 창출의 신비를 노동력의 착취에서 찾아낸 바 있다. 국가를 위시한 교육 제도 · 언론 제도 따위는 이를 은폐하고 당연시하는 장치에 해당한다. 이데올로기란 근대 체제의 기원과 원리를 감추고 구성원들로 하여금 마치 진리인 양 이를 수용하도록 만드는 과정 및 결과를 가리킨다.

이 시에서 감춰진 상태로 제시된 아이스크림은 근대 체제의 은폐된 이윤 창출 구조에 대응하는 것으로 읽힌다. 이러한 구조 가운데서 이윤을 자신의 것이라 여기고 독점하려는 계층이 있고, 나누어 가지려는 계층이 있다. 물론 시에 등장하는 형과 동생은 각각 전자와 후자에 해당한다. 동생 편을 들고 있는 「부정과 긍정」의 어머니는 「별 하나 떨어지다」의 '별'과 겹쳐진다. 「별 하나 떨어지다」는 죽은 노회찬을 기리어 쓰인 시편인데, 여기서 노회찬은 "연일 폭염 속에 헉헉대는 노동자들/ 그 가슴 어루만지러 앞장 서 달려가던/ 사람의 향기 늘 풍기던 별 하나"로 기록되고 있기 때문이다. "정의란 무엇인가/ 도덕이란 무엇인가/ 수없이 묻고 물어봐도 묵묵부답" 「별 하나 떨어지다」의 이러한 구절은 「부정과 긍정」에서 관철된 듯 보였던 시인의 지향이 결국 좌절되고 있음을 확인시켜 준다.

짤막한 서사가 드러나는 또 다른 시 「그리운 골목길」

에서는 본말이 전도된 우리 사회의 가치관이 부각된다. 돌담을 끼고 "꼬불꼬불 정겹던 오솔길이" 확장포장 되니 "텃새기 하나둘 떠나고" 귤나무는 뿌리째 흔들린다. 살아있는 것들의 근거가 커다란 위협에 직면한 셈인데, 주위에서는 그저 "땅값 올랐다고" 부러워할 뿐 그게 아니라는 시인의 주장은 헛소리로 치부해 버릴 따름이다. 생명이 먼저인가, 드러내어 자랑할 수 있는 부의 축적이 먼저인가. 후자의 방향으로 기울면서 인간의 안과 밖은 분열된 채 제 자신을 억압하게 되고, 이 세상 만물萬物은 빛깔 좋은 상품으로의 운명에 처해지게 되었다. 「분재원에서」를 보라. 한때 지상계와 천상계를 잇는다고 상상되었던 나무들조차 "팔과 손 붙들어 맨 기약 없는 포승줄"에서 옴짝달싹 못하고 있지 않은가. 어찌하여 그 풍경은 오영호의 명치끝을 후려치는가. 저 나무의 모습은 기실 근대-체제에 포박된 우리들 자신의 자화상이기 때문이다.

지금 우리는 가시거리 제로의 시대를 살고 있다. 「미세먼지 경보」는 그러한 사실을 마치 묵시록의 한 장면처럼 펼쳐 놓은 시편이다. 존재의 고양을 상징하는 '하늘 길'은 이미 지워졌고, 암담하게 펼쳐진 "가늠할 수 없는 지상의 어둑한 길"의 지하철역 부근에는 "복면을 쓴 얼굴들만" 서성거린다. 근대-체제는 탐욕을 부추기며 탐욕으로써 운영의 동력을 마련해 왔던바, 그 결과 우리는 이처럼 우울한 세계의 풍경에 직면하게 되었다. 그처럼 문명 전체를 관통하는 문제이기에 오영호는 '침묵의 살인자' 미세먼지를 일러 "문명의 구멍을" 빠져나왔다고 표현하고 있다. 오영호의 지향은 왜 좌절할 수밖에 없는가. 거대한 수레바퀴에 맞서는 한 마리 사마귀인 양, 근대-체제의 운영 원리 자체를 문제 삼기 때문이다. 실패를 예감하고 싸움에 뛰어든 이에게 승패는 별 의미가 없다. 그저 좌절의 의미만 남을 따름이다. 오영호의 사례가 이에 해당할 것이다.

3. 자연에서 길어 올리는 내성內聖의 깊이

1부의 시편 가운데에는 인도 여행을 제재로 삼은 시 두 편이 포함되어 있다. 여기서 부각되는 것은 단연 종교성인데, 종교성에 의하여 근대-체제의 원리가 억제되는 측면이 시인에게 깊은 감명을 끼쳤기 때문이리라. 「아루띠 뿌자」를 보면,[1] 인도인의 세계는 "윤회의 끈을 풀고 피안의 길로 가고픈/ 기도"로 집약된다. 근대의 작동 원리가 감히 틈입하지 못하는 세계라 할 수 있다. 「20루피 한 장」에서 적선積善 행위는 그야말로 기부자의 행복한 내세를 위한 공덕 쌓기로 전제되기에 구걸하는 이라고 하여 비굴해질 리 만무하다. 여기서 흥미로운 지점은 구걸하는 이의 당당함 앞에서 내심 선심善心을 자부하던 시인이 돌연 부끄러운 양심에 접어드는 대목이다. "천원에도 못 미치는 양심의 잣대 위로/ 너무나 부끄러워라/ 발걸음이 무겁네."

『연동리 사설』을 일독해 보면, 일상생활 가운데서도

1) 아루띠 뿌자: 갠지스 강 가트에서 저녁마다 치러지는 불을 돌리며 기도하는 의식.

시인이 종종 양심의 가책에 출렁하는 모습을 확인할 수 있다. 일례로 「수선화」·「명상을 하다는 것은」의 경우 '양심'이라는 단어가 직접 등장하며, 실수로 중앙선을 침범한 데 대해 "뒷덜미가 후끈하다"고 토로하는 「운전을 하다」, 때 맞춰 쪽파를 심지 못했다고 "아둔함에 내가 밉다"고 자책하는 「쪽파를 심다」 또한 같은 계열인 셈이다. 갑작스레 뜬 인터넷의 '뜨거운 영상'에 마음이 쿵쾅쿵쾅 뛰자 "얼씨구/ 주책바가지"라 스스로 책망하는 「춘화」도 그러한 계열에서 그리 멀리 떨어져 있지 않다. 기실 3부, 4부, 5부의 시편 대부분은 민감한 양심의 진동 위에서 창작되었다고 이해해도 무방할 기조를 유지하고 있다.

내성內聖의 길을 좇는 오영호의 태도는 이처럼 양심이라는 단어로 집약된다. 양심이 세심하게 내면으로만 파고들 뿐 바깥 세상에 대한 행동으로 이어지지 못하는 까닭은 앞서 살펴보았던 사회와의 불화不和에서 기인할 터이다. 인도의 사회 분위기가 종교성에 잇닿아 있는 반면, 시인의 생활에서 확인할 수 있는 양심(종교성)이 개인의 내면 층위에 머무르게 되는 차이는 그렇게 이해할 수 있다. 『연동리 사설』에서 인도의 종교성에 대응하는 객관적 상관물은 대체로 자연물의 형태로 제시된다. 즉 시인의 양심을 촉발하는 소재는 인간 사회가 아닌 자연 세계에 놓여 있다는 것이다.

시인은 사라봉 오르는 길에 맡은 「수선화」 향기에 "지금까지 내가 팔아버린 양심들"을 떠올리며 정화의 계기를 마련하는가 하면, 망에 담아 두었던 쪽파 뿌리에 새싹이 나자 "때 맞춰 심지 못한" 자신을 아둔하다 자책하고, 「폭설」이 내리는 날에는 "슬프고 부끄러운 일"을 "끄집어내어/ 다시는/ 돋아나지 않도록/ 깊이 깊이" 묻어버리고 싶어 한다. "하도리 바닷바람에 삐딱하게 누워버린" 「우묵사피레스」를 보면서는 새삼 "섬의 아픔"을 떠올리며 "그때처럼 눈귀 막고 순응하며 살다가도/ 내 허리 딱 한번만이라도/ 쭉 펴고 살고 싶다"고 마음을 다잡기도 한다. 물론 이러한 계기 마련이 가능한 것은 그만큼 시인의 생활이 자연에 다가서 있기 때문이다.

가령 이어지던 가뭄 끝에 단비가 내리자 귤나무의 "발가락 펴는 소리"를 들으며 마음으로 먼저 "쇠스랑질 시작이다"라고 나서는 면모라든가(「단비 내리다」)[2], "땡볕 가뭄에도 몇 번의 태풍에도" 살아남은 「달개비 꽃」을 보면서 "생명의 끈질긴 힘"을 되새기는 대목, 월령리 바다를 가만히 응시하다가 생긴 깨달음 "시간이 멈춘 자리 가만히 보고만 있어도/ 때 낀 일상들이 시나브로 씻겨 나가고/ 영혼이 환해지는 것을 오늘에야 알았다"(「월령리 바닷가에서」) 등이 이를 보여주는 대표적 사례이다. 오늘 날 근대 사회는 물질을 욕망하라, 소유하라 부추기며 스스로의 가치를 증명하라고 내몰지만, 머무르는 법 없이 변화를 속성으로 삼는 자연은 스스로를 비워 만물을 품고 있다. 자연에 다가선 시인의 면모는 자신을 비워 자연과 하나 되려는 물아

---

2) "똑똑똑 낙숫물 소리"에 낮잠 깨어 "허허, 기다렸다는 듯 쇠스랑 쳐다보며 / 묵정밭 씨 뿌릴 생각에 주름살이" 펴지는 「봄비」의 할아버지도 모습도 이와 일치한다.

일체物我一體의 방향으로 나아갈 단초로 기능한다.

『연동리 사설』에는 실제 그러한 노력이 나타나기도 한다. 「절물 휴양림」 "울창한 **침**엽수림" 그늘의 평상에 누워 "혈穴마다 **침**을" 맞는 태도라든가[3] 「숲길을 걷는 것은」 "오래된/ 내 영혼의 옷을/ 빨고 다림질하는 것"이라는 인식은 소극적인 양상이라고 하겠으나, 일호일흡一呼一吸을 가다듬으며 명상에 잠긴다는 「명상을 한다는 것은」의 경우는 적극적인 양상이라 할 수 있다. 언뜻 「절물 휴양림」과 유사한 내용을 반복하는 듯 읽힐 수도 있는 「명상을 한다는 것은」이 「절물 휴양림」보다 의미가 풍성해지면서 적극적으로 파악되는 까닭은 무엇일까.

명상을 한다는 것은
호흡을 알아차리는 것
숲속 넓은 평상에 사지를 쭉 펴고 누워
지그시 눈을 감았다
몸과 맘이 달콤하다

내쉬고 들이마시고
내쉬고 들이마시고
숨결의 길을 찾아 헤매는 순간마다
비집고 들어온 망상들이
꼬리에 꼬릴 물어도

풀어진 단전에 힘을 줘 부풀리는
반복의 긴 터널을 참고 지날 때쯤
천천히 빠져나가는 것을

---

3) 굵은 글씨 강조는 인용자.

알아채게 되리라

사라졌다 돋아나는 내 삶의 부스러기
바로 인정하는 양심의 시퍼런 서슬
또렷이 발견하는 순간
몸과 맘이 새롭다
—「명상을 한다는 것은」 전문

찬찬히 마음을 가다듬고 "내쉬고 들이마시고/ 내쉬고 들이마시고"를 반복하는 행위는 일호일흡을 통하여 자연과 하나가 되려는 노력이라 할 수 있다. 자연이란 음陰과 양陽이 서로를 끌어안은 채 순환하는[待對] 질서로 운행되는바, 일호일흡을 가다듬는 행위란 제 자신을 자연의 질서 속에 배치하고자 하는 시도이기 때문이다. 그러니 시인이 '찾아 헤매는 숨결의 길'은 다른 말로 표현하건대 자연의 도道라 이를 만하다. 이에 이르기 위해서는 스스로를 비워 만물을 품은 자연마냥 시인 또한 저 자신을 비워 내야 할 것이다. "비집고 들어온 망상들이" "천천히 빠져나가는 것을" 알아채게 된다는 진술은 이를 나타내고 있다.

그러니 똑같이 "숲속 넓은 평상에 사지를 쭉 펴고" 누웠어도, 침엽수 그늘 아래서 가만히 편안함을 느끼고 있는 「절물 휴양림」과 자연이 운행하는 기본 형식에 저 자신을 맞추고자 하는 「명상을 한다는 것은」은 그 층위가 다를 수밖에 없다. 그리고 앞서 사회와 불화하는 시인의 면모를 살펴보았는데, 불화할 수밖에 없는 이유는 「명상을 한다는 것은」에 표출된 세계관을 통해 선명하게 드러난다고 파악하게 된다. 이러한 세계관 위에서 비로소 가능해지는 것이 명실상부이며, 표리일체이다. 「은발을 찾다」에서 시인은 "겉이 변한다 해도 나는 나일 뿐이지"라고 나서고 있지 않은가. 오영호의 세계는 자연 속에 뿌리내리고 있으며, 내성內聖으로서의 수신은 그와의 일체를 향해 나아가고 있다.

4. 추념의 공간에서 되살려지는 4.3의 비극

시의 전체 분량을 내용으로 가늠한다면, 시집 제목이 『연동리 사설』이어서는 곤란하였다. 〈시인의 말〉이 오롯이 시 「연동리 사설」에 닿아 있는 것처럼 써 나간 것도 잘못 되었다. 그런데도 시인은 제목을 그렇게 붙였고, 〈시인의 말〉을 그렇게 썼으며, 여덟 편의 시를 묶어 시집의 2부로 구성하였다. 그만큼 4.3의 상처가 오영호에게 깊이 패어 있기 때문인데, 그 내력은 「연동리 사설」에 기술되어 있다. 1949년 10월 정뜨르비행장에 구덩이가 길게 파이고 249명이 총살된 뒤 암매장 당했다. "탕 탕 탕 249명 중엔 나의 형님도 있어/ 아버진 화병을 얻어 젊은 나이에 돌아가셨다" 그러니까 70년 전 벌어졌던 비극적인 가족사가 시인에게 아직껏 상처로 남아 시인을 옥죄고 있는 것이다.

상처와 관련하여 4.3 시편 여덟 편의 제목을 떠올려볼 필요가 있다. 각각의 시 제목에는 상처로부터 치유되지 못한 채 시인이 아직껏 4.3에 붙들려 있을 수밖에 없는 까닭이 드러나기 때문이다. 「각명비를 읽다」, 「평화공원의 봄」, 「표석 앞에 서다」, 「서천꽃밭으로 꽃배 타고 가소서—관음사 유적지에서」, 「도령마루 곰솔」, 「연동리 사설」, 「산짓물 따라」, 「박춘옥」. 각명비刻銘碑는 4.3 당시 마을 별로 희생된 분들의 이름을 새겨놓은 비석이며, 평화공원에는 4.3평화기념관이 들어서 있다. 평화공원에는 4.3 때 행방불명된 이들의 표석 3086기가 서 있기도 하다. 관음사, 도령마루, 연동리는 민간인 학살이 벌어졌던 장소이고, 「산짓물 따라」에 등장하는 박성내 역시 민간인 집단 학살이 벌어진 유적지다. 그리고 「박춘옥」은 4.3으로 인해 징역살이하고 2019년 공소 기각 판결을 받은 아흔셋의 노파다.

『연동리 사설』에 실린 4.3 시편들이 추념의 공간에서 씌어졌음은 이로써 분명하게 드러난다. 어째서 하필 추념의 공간이어야 했던 것일까. 이유는 대략 세 가지 정도 추론할 수 있다. 첫째, 4.3을 둘러싼 시인의 체험이 형님, 아버지의 연이은 상실과 관련되어 있기 때문이다. 즉 그의 내밀한 상처의 근원에 망인亡人이 놓여 있으며, 이를 제주의 보편 정서로 이끄는 공간이 각명비 · 평화공원 · 표석 · 관음사 유적지 · 도령마루 · 연동리 · 박성내인 바, 이러한 공간을 통하여 시인은 추념을 이어나가고 있다는 것이다. 둘째, 아직도 붉게 낙인찍힌 표식이 완전히 제거되지 못했기 때문이다. 보라, 도령마루 까마귀는 "빨간 옷 벗겨 달라고/ 절대로 잊지 말자고/ 하늘 빙빙 돌며 피맺힌 울음" 울고 있다.(「도령마루 곰솔」)

셋째, 죽음에 맞닿은 4.3의 상처가 쉽게 씻기지 않기 때문이다. 70년 동안 산짓물은 박성내를 지나 흘러가며 “4.3의 묻은 핏줄 씻고 또” 씻는다고 했지만, “70년 그 한을 다 지울 수가” 없다고 하지 않는가.(「산짓물 따라」) 두 살 된 아이를 두고 전주형무소에서 징역을 산 「박춘옥」 할머니는 당시 겪었던 고통이 육체에 새겨진 양상이다. “내 나이 아흔셋 그 아들이/ 일흔셋 되도록 굍이 살암신디/ 이젠 눈물도 몬딱 몰라 버리고/ 뼈 뽀산 잠도 못 자고/ 머리 실려완 살지 못허쿠다” 표준어로 옮기자면, ‘내 나이 아흔셋 그 아들이/ 일흔셋 되도록 같이 살고 있는데/ 이젠 눈물도 모두 말라 버렸고/ 뼈 부수어져서 잠도 못 자고/ 머리 차가워서 살지 못하겠습니다’ 정도가 되겠다.

공간과 주제의 무게에도 불구하고, 『연동리 사설』의 4.3 시편들은 용케 한탄조로 빠지고 말 위험을 넘어서고 있는데, 이는 나름의 시적 장치를 마련해 두었기에 가능해졌다고 볼 수 있겠다. 그 첫 번째 소재는 망자의 세계와 지금-여기의 세계를 잇는 존재인 양 출현하는 새들이다. 「도령마루 곰솔」의 까마귀, 「각명비를 읽다」의 산비둘기, 「서천꽃밭으로 꽃배 타고 가소서」의 동박새들, 「연동리 사설」에서 “유격대 총사령관 주검”에 대응하는 “길 잃은 까마귀 한 마리”가 이에 해당한다. 새가 등장하지 않을 경우엔 식물 이미지가 이를 대신하기도 한다. 「평화공원의 봄」의 벚꽃 · 동백꽃, 「표석 앞에 서다」의 “등 굽은 느티나무”가 그 사례인데, 이들도 역시 하늘과 땅 사이의 공간을 메우거나 잇는 효과를 불러일으키고 있다.

시인이 반복하여 활용하는 두 번째 소재는 노인이다.

「박춘옥」이 먼저 그러하며, 「산짓물 따라」에서는 "팔순의 실향민 김씨"가 등장한다.[4] 「표석 앞에 서다」의 경우엔 구순 길의 어머니와 칠순의 유복자가 중심에 배치되어 있다. 기실 「있었지」·「단풍과 노부부」를 위시하여 『연동리 사설』에는 노인의 입장에서 세계를 바라보는 시편들이 더러 포함되어 있지만, 4.3 시편의 노인들이 그와 같을 리는 없다. 4.3 시편에 등장하는 노인들은 비극적인 사태가 얼마나 크고 오랜 아픔과 상처를 내는지 환기시키는 한편, 해원解冤을 위한 어떠한 노력도 조속하고 광범위하게 펼쳐나가야 하리라는 분위기를 자아내고 있다.

5. 먹돌은 어이하여 먹빛인가

시간은 어두웠다 밝아지기를 반복하면서 흘러가며, 살아있는 유정한 존재는 일호일흡을 교차하면서 시간과 함께 성장했다가 노쇠해지고 결국엔 죽음으로 돌아간다. 「명상하는 먹돌」은 그러한 운명을 집약하여 드러내는 듯하다.

어찌 멍들지 않고 살 수 있겠냐고

마모된 방랑의 길 촘촘히 새겨보듯

---

4) 제주도에는 4.3 당시 사라져 버린 마을이 적지 않다. 군경이 마을 전체를 방화해 버린 탓에 벌어진 사태다. '실향민 김씨'는 이제 지도에 남아 있지 않은 사라진 마을 출신일 것이다.

바닷가 퍼질러 앉아 반짝이는 먹빛 언어
—「명상하는 먹돌」 전문

천지 음양의 조화 가운데 출현하였으니 만물은 천지의 분신分身이며, 천지의 분신인 까닭의 천지의 속성을 제 안에 품고 있다. 저 단단한 먹돌은 천지의 상징 혹은 함축처럼 다가온다. 우선 먹빛이라는 돌의 색깔이 존재의 본원을 가리키고 있지 않은가. 은옥재慇玉裁의 설문해자說文解字는 현玄 · 묵墨이 존재의 근원적[幽遠]인 것, 즉 실재實在를 상징하는 색채로 설명하고 있다. 옛 어른들이 하늘이 검다고 한 까닭이 이와 관련된다. 마치 그러한 세계를 언제까지라도 지키려는 것처럼 먹돌은 단단함을 속성으로 하고 있다. 그러한 먹돌이 밝음을 끌어안은 어두움 "반짝이는 먹빛 언어"를 들려주고 있으니 이는 결코 심상한 소재에 불과할 수는 없는 것이다. 명상하는 먹돌에 대하여 천지의 상징 혹은 함축이라 파악하는 근거는 바로 이러한 지점에서 마련할 수 있다.

무한한 천지의 색깔이 먹빛이니, 아마도 우리 유정한 존재들 또 한 어쩔 수 없이 멍이 들면서 삶을 이어나가는 것이리라. 기왕 천지자연의 운행과 함께 하는 삶을 이어나가는 마당이니 시인이여, 가슴에 뿌리내린 그 아픔과 상처까지도 밀려들었다가 밀려 나가는 저 파도에 내다 버리는 게 어떨까. 그래서 제주 먹돌은 하필 바닷가에 자리하였다고 여기면서 말이다. 이것이 4.3의 아픔을 앓고 있는 『연동리 사설』의 시인 오영호에게 보내는 나의 자그마한 위로이다. ▪